PROTESTATION

DES GENTILSHOMMES COMTOIS

AUX ÉTATS DE 1679

PROTESTATION

DES

GENTILSHOMMES COMTOIS

AUX ÉTATS DE 1679

AVEC INTRODUCTION

PAR M. PH. PERRAUD

POLIGNY
IMPRIMERIE DE G. MARESCHAL
1875

PROTESTATION

DES GENTILSHOMMES COMTOIS

AUX ÉTATS DE 1679

Après la conquête de 1674, les États de Franche-Comté ne furent plus convoqués : le lieu des assemblées fut fermé, les registres aussi. La province perdit ainsi, après une possession de plus de trois siècles, la plus précieuse de ses franchises : du jour au lendemain elle est dépossédée du droit de s'imposer elle-même ; elle est soumise au bon plaisir des intendants de Louis XIV. Pourtant nulle protestation, nulle plainte n'était signalée jusqu'ici contre un état de choses si nouveau.

Ce silence nous avait toujours paru étrange. Il nous semblait improbable qu'aucune tentative n'eut été faite par les mandataires du pays pour ressaisir les libertés perdues, pour recouvrer une institution si ancienne, éprouvée par tant de services rendus. En 1668, après la première conquête, le prince d'Aremberg ayant, au nom de l'Espagne, suspendu le Parlement et mis sur la province un impôt de guerre de 3000 fr. par jour, les commis des États avaient du moins protesté : invoquant l'ancien droit du pays de n'être taxé que par ses élus, et aidés par les députés des villes, ils avaient soutenu, pour la défense de ce droit, une lutte habile et opiniâtre, dont on peut lire le récit dans les Mémoires de notre chroniqueur Chifflet.

En 1674, rien de semblable : du moins la trace d'efforts et de réclamations analogues était perdue. Il semblait que la province se fût courbée, muette et résignée, sous la volonté royale. La pièce qui suit, récemment retrouvée aux archives de la Chambre des Comptes (1), montre qu'il n'en fut pas ainsi. Pendant quatre années, il est vrai, la situation de la province étant mal fixée, son annexion à la France n'étant ratifiée par aucun traité, la Commission des États resta silencieuse. Mais, en 1678, le traité de Nimègue ayant définitivement rattaché la Franche-Comté à la France, les commis jugèrent le moment venu d'exposer leurs droits. Au mois de juin 1679, le marquis de Louvois passant par Besançon, les commis des États, par l'entremise de M. de Montauban, gouverneur de Besançon, se font présenter au tout-puissant ministre ; à eux s'étaient joints un certain nombre de gentilshommes, chargés d'insister particulièrement sur les privilèges de la noblesse. L'entrevue fut calme : Louvois ayant avancé que, bien avant la conquête de 1674, les commis des trois ordres avaient cessé leurs fonctions, ils répondirent en produisant leurs registres, tenus presque sans interruption dans l'intervalle des deux conquêtes jusqu'à la capitulation de Besançon, ajoutant que si depuis cinq

---

(1) Besançon, travée C, cote 300. Nous en devons la communication à M. Baille, président de la Société d'agriculture, sciences et arts de Poligny.

ans ils ne s'étaient pas réunis, c'est qu'ils en avaient été empêchés par la force. Puis ils énumèrent les différents privilèges et franchises dont ils demandent le maintien, citent à l'appui les chartes confirmatives émanées des souverains depuis deux siècles et demi. Ils rappellent que Louis XIV, dans toutes les capitulations accordées à la province en 1668 et 1674, a juré de maintenir ces franchises, et que le récent traité de Nimègue les a formellement réservées. Après cet exposé, Louvois, selon le procès-verbal, « aurait témoigné être satisfait. »

Pourtant cette entrevue était restée sans effet. Le ministre avait écouté poliment, mais il ne fit rien pour redresser les griefs à lui énoncés. Aussi, deux mois après, les commis, sans nouvelles de Versailles, s'adressent de nouveau au gouverneur de Besançon : celui-ci leur conseille de choisir trois députés, un de chaque ordre, qui iront expliquer au roi leurs demandes et solliciter le rétablissement des États. Le chanoine Borrey, pour le clergé, l'avocat Gilbert, pour le Tiers, furent aussitôt désignés. La noblesse y mit un peu plus de façon : le 5 août, elle se réunit en Assemblée générale, à Besançon, afin de procéder au choix de son député. Louis de Portier Froloys, gentilhomme de la plus haute lignée, présidait. Les commis des États assistaient à la séance et aidèrent à dresser les instructions communes pour les trois délégués. Ces instructions, avec tous les incidents que nous venons de rapporter, font l'objet du procès-verbal qui a été retrouvé et dont voici la teneur :

PROCÈS-VERBAL POUR LES ÉTATS

du 5 août 1679 (Besançon)

M. le marquis de Louvois ayant passé par le Comté de Bourgogne au commencem. du mois de juin de l'an courrant 1679, et les commis députés généraux des Estats qui se seroient rencontrés en la cité de Besançon ayans considéré que le debvoir de leurs charges les obligeoient de veoir ledit marquis de Louvois pour l'assurer de la fidélité de la province au roi, ils en auroient communiqué à M. le marquis de Montauban et à M. l'intendant, le premier desquels ayant eu la bonté de les présenter audit marquis de Louvois à l'effet que dessus, et sur ce qu'il leurs eut dit qu'on lui avoit raporté que longtemps avant la conquête du pays lesd. commis, quoique députés généraux et représentans les Etats, n'étoient plus dans la fonction de leurs charges, iceux et partie des seigneurs de la haute noblesse et des gentilshomes soussignés lors présents à cette visite, lui avoient répliqués que ces rapports étoient d'autant plus faux qu'il en pouvoit juger par lui-même, come il le fit, lui ayant représenté les registres de leurs délibérations, recés, et autres titres qui justifioient l'exercice continuel de leurs fonctions jusques à la capitulation de la cité de Besançon, et que si depuis cinq ans ils les avoient cessés et n'avoient pu réussir à faire convoquer les Etats généraux, c'étoit contre le gré desd. députés, puisque M. le duc de Duras et M. l'intendant les en avoient empêchés de force ; comme si d'une suspension de fait et non de droit on pouvoit en induire qu'une nation ait renoncée à son droit et faculté de s'assembler toutes et quantes fois bon lui semble en États généraux : c'est à savoir le corps de tous M^rs les gentilhomes représentans la noblesse, et le clergé et tiers-état par ses loyaux députés, avec le pouvoir et faculté à chacun des trois ordres de choisir son Président particulier, pour vérifier et corriger les abus de l'administration ; qu'en outre si le Prince refusoit de les convoquer, lad. nation a le droit de s'assembler en Etats au moins tous les trois ans et plustôt, suivant la nécessité urgente, et dans les intervalles seulement, leurs loyaux commis et députés généraux occupés à pourvoir aux affaires prouveues et imprévues : qu'à la nation seule il appartient de s'imposer, ainsi que toutes régies, répartemens, collectes de deniers, jugemens d'iceux, police, revues des ordonnances royaux, tous articles d'administration, abolitions d'abus, pour y être fait droict par leurs princes, conformément aux doléances des Etats; les sujets de la province ne pouvant être tirés hors de son ressort et être jugés pour leurs biens en tous procès civils et criminels, même pour la noblesse et états des personnes, que par les juges naturels du pays, et leurs arrêts et décisions ainsi que ceux des Etats ou leurs députés généraux faire loi irrévocable ès (en) cours et Etats de leurs souverains ; que toute la nation séquanoise étoit en possession de ces droits, même avant l'élection de ses princes faite primitivement entre les sires et barons; tous lesquels princes, pour ne se rendre indignes de l'obéissance de la nation, n'ont cessé de la maintenir dans tous ses anciens droits, libertés, franchises, usages, coutumes, Etats et gouvernement accoutumés, en sorte que tous les dons gratuits n'ont été accordés à chaque prince que du consentement des trois ordres des Etats, dont il appert assez par tous les recés desd. Etats qui nous restent depuis l'an 1293 jusques et compris 1668 (ajouté : et 1674), et par les lettres de non préjudice donnés en même temps par tous les princes et par leurs prestation de sermens à chacun de leurs advènement à la principauté du pays.

Entre plusieurs titres desd. Etats, on doit remarquer particulièrement la réserve desd. droits stipulée en 1482 dans le traité d'entre Louis XI et Maximilien, ensuite ratifié en 1483 par Charles VIII; lesd. droits confirmés par l'empereur Maximilien suivant le recés de 1507 et par le duc Philipe le Bon en 1434 suivant celui de 1616, stipulation des droits, libertés et privilèges de la noblesse par sa M. dans les capitulations de la province en 1668 et 1674 et par le traité juré et signé à Nimègue garanti par les deux rois, et partie de ces droits et privilèges de la nation confirmés d'autre part par des arrêts du Conseil des 22 février, 20 et 17 septembre 1675, de tout quoi led. marquis de Louvois témoigna être satisfait.

Ce qu'ayant depuis représenté à M. de Montauban, il les avoit assurés qu'ayant déjà suffisament justifié des droits de la nation devant M. le marquis de Louvois, M. le duc de Duras et M. l'intendant, il leurs conseilloit d'envoyer des députés à la cour, pour y solliciter le rétablissem. des Etats; en conséquence il fut résolu de choisir des députés à cet effet, et qui s'adresseront aud. marquis de Louvois à qui ils rappelleront tout ce qui est ci-dessus mentionné pour qu'il en instruise S. M., en lui ajoutant que si son Conseil trouve que les droits de la nation ne sont pas suffisamment éclaircis ni prouvés, come le roi ni la nation ne peuvent être juges en leur propre cause, elle se soumet à la porter en action de justice régulière par devant la cour du Parlement, ce que S. M. ne peut refuser avec justice, vu que journellement elle soumet ses causes les plus importantes à la décision des juges naturels des lieux; en insistant que c'est vouloir anéantir les droits de ses sujets que s'opposer à leur jouissance; que la nation séquanoise la plus ancienne du royaume de Bourgogne se maintiendra toujours en Comté franche; Sa M. lui ayant promise et jurée la conservation de ses privilèges par les capitulations et traité de Nimègue, elle doit continuer de se régir, come du passé, en pays d'états, qu'elle ne cessera d'en réclamer la jouissance et la défendre avec autant de courage qu'elle en manifestera pour le service d'un roi qui sera bon et juste prince, propres termes desquels a usé Sa M. lors de la prestation du serment au Parlement, et que la nation ne pourra jamais se persuader que S. M. ou ses augustes successeurs veuillent trahir leurs propres intérêts, en violant les capitulations et traités de paix qui sont les conditions de leurs obéissance à leurs monarque.

Et lesd. députés ayant rapelés et représentés ce que dessus à la présente assemblée, lesd. seigneurs et lesd. gentilshomes de chaque bailliage représentans le corps de la noblesse soussignés, voulant, suivant les usages de toute ancienneté des Etats, continuer de choisir pour présidents de leurs assemblées et chefs de leurs députations parmi les premiers seigneurs de la nation ceux qui avec une grande extraction jouissent aussi par leurs fidèle attachement de sa confiance, et ayans reçu excuse du seigneur Gabriel de Reculot Froloys remerciant la noblesse de son invitation à la députation pour la cour, mais que retenu à Bruxelles pour affaires, il ne pourrait de cytost se rendre à Paris, et considérans que s'agissant pour l'exercice des droits de la province de la prompte exécution du traité de Nimègue (sans préjudice de tous ses autres titres) qui oblige S. M. de rétablir ses sujets francs-comtois dans la jouissance des honneurs, dignités et bénéfices dont ils étoient pourvus avant la guerre, le corps de la noblesse désirant apporter toute la diligence possible à la sollicitation de la cause de la nation, a invité le seigneur François-Emmanuel de Genève de Lullin de se charger de cette honorable commission, lequel l'a accepté avec reconnaissance et a promis de se rendre tout de suite à Paris avec M. le chanoine Borrey et l'avocat Gilbert ci devant nommés.

Toutes copies de la présente délibération qui seront délivrées aud. seigneur de Lullin seront signées du seigneur Louis de Portier Froloys, président de la présente assemblée.

Ce présent acte d'instructions et protestations appartenant à la nation franc-comtoise a été aussi dressé pour lui faire preuve des bons devoirs de ses chefs et faire ressouvenir les descendants d'iceux de la loi naturelle qui les authorizera toujours à réclamer avec la loyauté et courage de leurs prédécesseurs la jouissance entière de tous leurs droits, privilèges, libertés et franchises, laquelle est la propriété de tout temps du *fide-commis* perpétuel de la nation.

Il est arrêté par l'assemblée que jusques à d'autre délibération, il ne sera délivré copie de la présente qu'aud. seigneur de Portier, laquelle sera signée des seigneurs de Lullin et la Baume S¹ Martin.

Fait à Besançon le cinq août mil six cent soixante et dix neuf.

Suivent les signatures des seigneurs gentilshommes, suivant leur rang, tel qu'il a été arrêté le 1ᵉʳ août de la présente année.

Louis de Portier Froloys. — Désiré et Philibert de Portier, ses fils. — Charles-Alexandre de Froloys. — Reculot, avoué de Salins. — François-Emmanuel de Genève Lullin. — Charles de la Baume Montrevel S¹ Martin. — Bernardin de S¹ Martin Strambin. — Ferdinand de Rye, dit de Poictiers. — Charles-Louis de Vienne, dit de Bauffremont. — Antoine de Vaudrey S¹ Remy. — Louis de Chissey. — Charles-François de la Baume S¹ Amour. — Pierre de S¹ Germain. — François du Tartre. — Bénigne-François du Tartre de Laubespin. — Claude de Villers la Faye Vaulgrenans. — Pierre du Pin la Chasnée et Claude-Marie du Pin Jousseau. — Claude-François du Saix. — Antoine-Sébastien du Saix. — Humbert-Dominique du Saix. — Antoine de Marenches. — Gabriel-Joseph de Montrichard Flammerans. — Jean-Simon de Rosières Sorans. — Claude-César de Balay l'Espois. — Claude-Louis de Faletans. — Ferdinand-Mathieu de S¹ Mauris S¹ Cyr. — Jean-Claude de Montagu. — Charles-Achille de Mouchet Laubespin. — Guillaume de Raincourt Fallon. — Jean de Charreton, dit du Louverot. — Thomas de Mouthier. — Charles-Emmanuel de Pra Peseux. — Jean-François de Pointes Genevreuil. — Pierre de Santans. — Thomas de Vy. — Gaspard de Blicterswick de Moncley. — Étienne-Philippe-Joseph de Blicterswick, son fils. — Charles de Champaigne. — Gabriel-Philibert de Grammont Chastillon. — Claude-François de Grammont Vellechevreux. — Charles de S¹ Mauris Lambrey. — Charles-Emmanuel de S¹ Mauris Chatenoy. — Pierre-Antonin de S¹ Mauris. — Pierre de Trestondans. — Jean-Claude de Scey Buthier. — Louis d'Orchamps d'Osnans. — Gaspard Nouveau. — Léonel Bontemps d'Authume. — Pierre-Louis de Chaillot. — Jean-Daniel de Courcelles de Courlans. — Philippe-Guillaume de

Montrichard. — Ferdinand Dagay. — Charles-Joseph de la Balme. — François de Jouffroy de Novillard. — Ferdinand-Jacques de Nay. — Laurent Vernier. — Jean-Baptiste du Champ Parthey. — Jérôme Botechou Chavane. — Jean-Baptiste de Gilley Marnoz. — Jacques de Cussemenet, dit de Dornon. — Gaspard-Bonaventure de Lallemand Belmont. — Hugues Patornay. — Charles Mairot. — Estienne Pélissonnier. — Philibert Pélissonnier. — Jean-Baptiste Pétremand de Mutigney. — Joseph-François Pétremand d'Amondans. — Denys-Grégoire Pétremand de Vallay. — Charles de Vaulchier du Deschaux. — Gaspard de Vaulchier de Lioutres. — Hugues Garnier de Choisey. — De Franchet d'Estavay. — Guillaume de Franchet. — Claude Franchet de Septfontaines. — Henri-François de Bourrelier de Malpas. — Charles-François de Mesmay de la Bretenière. — Joachim de Boitouset de Poinçon. — Jean-Baptiste Huot d'Ambre. — Jean-Baptiste Huot d'Ambre, son fils. — Hugues de Furet. — François Froissard de Broissia. — Claude-François Froissard de Broissia, son fils. — Jean Froissard de Broissia. — Jean-Simon Mathon. — Rodrigues de St Mauris Falletans. — Jean-Simon de St Mauris d'Augerans. — Alexandre d'Esterno. — Philibert de Froissard Bersaillin. — Nicolas d'Amedor.

(Voir le fac-simile ci-contre, du célèbre graveur M. Pilinski).

Signés à la minute, Pourtier. — Le marquis de Lullin. — Le marquis de Saint-Martin.

Signés à l'expédition, le marquis de Lullin. — Le marquis de Saint-Martin.

Les présidens et gens tenans la cour souveraine de parlement à Besançon, certifient à tous qu'il appartiendra, que François-Emmanuel de Genève, marquis de Lullin, et Charles de la Baume, marquis de Saint-Martin, qui ont signé et délivré la présente expédition à Louis Comte de Frolois Portier, avoué héréditaire de Salins, et élu pour présider en la Chambre de la noblesse de Franche-Comté lors du rétablissement des états généraux de cette province, ont été à cet effet commis et députés par lesdits seigneurs et gentilshommes composant le corps de ladite noblesse, et qu'en ladite qualité foi entière est ajoutée à leurs écrits et signatures tant en jugement que dehors ; en témoignage de quoi ladite cour a fait apposer en placard son sceau ordinaire à ces présentes, et signer icelles par André Murgey, secrétaire de Sa Majesté et greffier audit parlement. Au conseil du matin, y tenu le vingt novembre seize cent quatre-vingt.

Signé Murgey, avec paraphe.

Quelle part, dans ces instructions, revient au juste à l'assemblée des gentilshommes ? Il est difficile de le préciser. Il semble, d'après le texte, que les commis des États en aient rédigé à l'avance la plus grande partie. En tout cas, il y a ici une adhésion formelle de la noblesse aux vues exprimées par la Commission des États, et ces vues méritent attention.

On pourra trouver que ce beau et fier langage manque d'opportunité, qu'il ne tient compte ni des circonstances ni des personnes. Les illusions, sans doute, abondent dans l'assemblée sur le maintien possible des franchises provinciales : citer à Louis XIV l'élection primitive des ducs de Bourgogne par les sires et barons, et sur ce précédent appuyer leur droit, c'était se tromper de date et d'adresse. Il y a bien aussi un peu de naïveté à proposer au roi, s'il a des doutes sur leurs légitimes demandes, de faire trancher le litige par le Parlement de Paris, comme on le ferait pour une question d'ordre purement civil. Enfin, il sera peut-être permis de trouver que l'assemblée fait sonner avec un peu d'affectation aux oreilles du roi le nom de la *nation comtoise* ou séquanoise, comme s'il y eût eu encore une nation comtoise. C'est trop souvent le défaut de nos assemblées délibérantes de se griser ainsi à l'aide de grands mots, qui ne répondent à rien de réel ni de pratique.

Ajoutons d'ailleurs que cette protestation n'alla point jusqu'à Versailles. La députation avorta : les députés furent nommés, mais ne partirent point, et cela, comme une note en marge du procès-verbal nous l'apprend, par l'intervention de l'archevêque de Besançon (1), « qui se chargea d'en parler à M. le marquis de Louvois, pour préalablement s'instruire à ce sujet des intentions de Sa Majesté. »

Malgré cette circonstance, la pièce offre encore un sérieux intérêt. Que ce soit tel ou tel gentilhomme qui ait été délégué par ses pairs, ou même que ces délégués soient partis ou non, c'est aujourd'hui pour nous une question de médiocre importance. Ce qui fait l'intérêt véritable de ce document, ce qui lui donne tout son prix, c'est l'expression des sentiments des mandataires du pays, de l'attachement resté si vif, même dans le cœur de la noblesse, aux vieilles franchises de la province, de leur courage à les revendiquer. C'est aussi la nouveauté et la hardiesse d'un tel langage. A cette date, au moment le plus brillant du règne de Louis XIV, on trouverait difficilement ailleurs un autre exemple d'affirmations aussi insolites sur le droit du pays à réunir ses représentants « toutes et quantes fois bon lui semble; » et que c'est vouloir anéantir le droit des sujets, que s'opposer à leur jouissance ; surtout, que le prince est obligé à maintenir la province dans ses droits, sous peine d'être indigne de son obéissance. On notera aussi cette déclaration finale que le présent acte est rédigé « pour faire preuve à la nation des bons devoirs de ses chefs » et pour rappeler à leurs descendants la *loi naturelle* qui autorise en tout temps les revendications de ce genre. On sent ici comme un souffle avant-coureur de 89 ; c'est l'accent précurseur des grands tribuns de la Constituante.

(1) C'était Antoine-Pierre de Grammont, si enclin à favoriser les intérêts de la France (V. Chifflet, t. I, p. 225-226); mort en 1698.

D'ailleurs, cette fierté, cette hardiesse singulières ne se séparent pas, chez les députés franc-comtois, du respect de l'autorité légitime. Le vif sentiment de l'indépendance s'unit chez eux à une déférence sincère pour le roi, à un sérieux attachement pour la France, leur nouvelle patrie. L'assemblée de 1679 peut servir à montrer le patriotisme éclairé de nos États provinciaux et le parti que l'ancienne royauté, mieux inspirée, eut pu en tirer.

Enfin, l'intérêt historique de ce document n'est pas tout entier dans le texte ; il est aussi en quelque façon dans la liste des signataires, que nous avons ci-dessus fidèlement reproduite. On y trouve les noms des plus illustres familles de la province : l'élite des gentilshommes a tenu à signer de sa main cette protestation aussi hardie qu'inutile, qui ajoute une page glorieuse au livre d'or de la noblesse comtoise, et où s'exhale comme le dernier soupir des libertés et de la fierté de nos ancêtres.

Pourtier

de Reculos De Pourtier Pourtier le Cn de Culon
Le Marquis Bitte Martin FM Trambu
Le Comte de Ch. L de Bauffremont
Pontier Al Vaudrey Sbemy SL de Ciffey
Gilley de Citeay d la Baume Tramour
Baron Dessermain Le Chevalier du tartre
De Laubespin Vaulgrenant
Dupin La Chapré B. Du Paix HB du Saix
Dupin Jaffau Ant. Du Saix de Marenchely
De Marenchey J de Montrichard
J. De Roziere A de balay les pois B faletans
de St moris strille montagn
B le onte de L'Aubepin De Raincourt fallon
Chareton dit Milbulnot le Moustier
Charles de Pra Pescan De pointe
Desantans De Vy De Bliterswick
Bliserfuiche Charle de Champaigne
F de Grammont G De Grammont
La Voije

Charles de Sainct Mauris Le Baron de St Mauris
Le chevalier de St Mauris De Trestondans
Desery D'orchamps d'Isnay M Bontemps d'Antiguny
De Chaillot Gaspard Jouvaul
De Monroleur Jean daniel de courcelle
La Balme Ferd Vagay Denan
  F de Jouffroy
D'Ferrier M Champ hieros Bot de Rochavanne
B de Gilley Marthey De Cussemenet dit de Dornon
Baron de Marnoz De Lallemand
  Jatornay
E Pillissonnier Pilot Pillissonnier Mayrot
  D'Aremand D G Petremand B Petremand
De Vauchier de calay C de Vauchier
  Du duchaux
  De Livotre H Carmie M de Franchet
C de Franchet G de Franchet de Stanay
  De Septfontaines De Malpas C J de Mismay
  De la busonivet
J Bororest De poincon B Huot d'Ambré H Furet
J Froissard de Froissard Broissia J C J Froissard
  Broissia M Mathey De Broissia
  De Sainct Mauris Esfalitains De St Mauris
  A d'Eterno Philib Froissard Luisaillin Brugnans
  H d'Amidoe

21

www.ingramcontent.com/pod-product-compliance
Lightning Source LLC
Chambersburg PA
CBHW070526050426
42451CB00013B/2872